내 안의 꽃

최효림 시집

호脈

내 안의 꽃

시인의 말

하루하루
기쁨입니다
살아 있음에
감사 합니다

인연
삶

사랑입니다

쑥부쟁이 아내
사랑합니다
행복
웃음꽃
내 안의 뜰에
채워 주어

감사 합니다

2024년 3월
최 효 림

차례

시인의 말 / 최 효 림

 **사랑**

14 · 하늘 天 따 地
15 · 엄마
16 · 목련
17 · 쑥부쟁이, 구절초
18 · 들꽃에게
20 · 내 안의 꽃[園]
21 · 사랑
22 · 사랑한 사람의 일기 · I
24 · 사랑한 사람의 일기 · II
26 · 애인 · I
28 · 애인 · II
30 · 첫인상
31 · TALK
32 · 톡 in LOVE
33 · 카톡 in LOVE
36 · 꽃人
37 · 촛불
38 · 찔레꽃
40 · 고래

 **일상(삶)**

44 · 삶
45 · 사랑
46 · 봄[春]
48 · 립스틱 짙게 바르고
50 · K. 지니아
51 · 동자 생각
52 · 비구 생각
54 · 기프트
55 · 유성의 순검
56 · 행진
58 · 추억은
59 · 어떤 술자리
60 · 新村에 가면
61 · 사랑의 무게에 대하여
62 · 우리는
63 · 야로화夜露花
64 · 내 안의 초상肖像
66 · 방황彷徨
68 · 사진
69 · 추상追想
70 · 始初시초
72 · 갓생[今生]
74 · 終至종지
75 · 歸天귀천
76 · 유정 만리

3부  봄·여름·가을·겨울

78 · 청산을 열고
79 · 외로운 섬
80 · 도시 연가
82 · 가을 편지
84 · 고흥 소녀
85 · 벼[禾]
86 · 빈 가을[空秋]
88 · 새털구름
89 · 지문指紋
90 · 내 마음의 단풍
91 · 설국雪菊
92 · 홍문紅吻
93 · 겨울 연가
94 · 겨울 산
95 · 잠자리
96 · 바람
97 · 구름
98 · 내게 물었다
100 · 신음呻吟
101 · 자해字解 · 1
102 · 자해字解 · 2
103 · 자해字解 · 3
104 · 자해字解 · 4
105 · 자해字解 · 5

4부 약속(기후 환경)

108 · 高喊고함
109 · 畏鍼외침
110 · 울림
111 · 멈춤
112 · 바람과 구름과 새
114 · 시그널·1
115 · 민들레 안[愛]
116 · 시그널·2
118 · 고양이 꽃
120 · 가을 동화
121 · 가을 연가
122 · AI city
124 · 플라스틱 World

 **연작시, 수필**

126 · 호모 사피엔스 사피엔스 · 1
127 · 호모 사피엔스 사피엔스 · 2
128 · 호모 사피엔스 사피엔스 · 3
130 · 호모 사피엔스 사피엔스 · 5
132 · 호모 사피엔스 사피엔스 · 4
133 · 호모 사피엔스 사피엔스 · 6
134 · 호모 사피엔스 사피엔스 · 7
135 · 호모 사피엔스 사피엔스 · 8
136 · 호모 사피엔스 사피엔스 · 9
137 · 호모 사피엔스 사피엔스 · 10
138 · 호모 사피엔스 사피엔스 · 11
139 · 레드 폭스 · 1
140 · 레드 폭스 · 2
141 · 레드 폭스 · 3
142 · 레드 폭스 · 4
143 · 레드 폭스 · 5
144 · 레드 폭스 · 6
145 · 레드 폭스 · 7
146 · 레드 폭스 · 8
147 · 레드 폭스 · 9
148 · 청령포 · 1
149 · 청령포 · 2
150 · 청령포 · 3
151 · 청령포 · 4

152・청령포・5
153・청령포・6
154・청령포・7
155・청령포・8
156・청령포・9
157・청령포・10
158・박물관・1
159・박물관・2
160・박물관・3
161・박물관・4
162・박물관・5
163・박물관・6
164・박물관・7
165・박물관・8
166・박물관・9
167・박물관・10
168・용산역 연가[수필]

171・최효림 시인의 시 세계
　　사랑 시학과 생태주의적 상상력, 구도의 길/김봉군

1부
사랑

하늘 天 따 地

넓고 큰 건곤乾坤의 사랑은

나무가 잠든 밤이면

더욱 환하다

엄마

책보자기 메고
집에 올 때면
빈 부엌
빈 마루

엄마 찾아
밭에 가면
밭고랑, 논둑

감자, 고구마 캐시고
고추, 옥수수 따시던

손은 갈라지고
땀으로 범벅된

지금 가고 없는
시간 돌아보니
흙 묻은 손 쓱쓱 닦으시고
부치기 한 점
입에 넣어 주시던
엄마가 보고 싶다.

바람이 분다
마음에 겨울이 오는
낡은 바람이 온다

목련

사슴의 뿔 같은 가지에 거꾸로 선 백자
심장의 울림에 녹아내릴 것 같은
흰 고무신의 심색心色이여

쑥부쟁이, 구절초

그대 목소리
수줍은 미소
사랑받는 소녀

꽃의 노래
향기
내 안에 핀

순한 꽃
수줍은 꽃
사랑받는 아내

너의 이름
고뽕
내 뜰에 핀 꽃

들꽃에게

이야기를 하지 않아도
들에 꽃은 핍니다

보지 않아도
볼고수리 바람이 붑니다

바람의 초대로
밖에 나선 들에는

수없이 뿌려진 수줍은
아내여

부끄러이 미소를
띠웁니다

파란 마음에
안개꽃 가득
염전에 핀
소금꽃 향기 가득
바다의 이야기
들꽃 이야기

풀들의 소곤소곤
사랑 가득 들려옵니다

미소를 자맥질하며
속삭이는 들[野]별아

내 안의 꽃[園]

너의 수없는 날
너의 앞마당에
장다리꽃 돼
사철 노란
향기로 남고 싶다

사랑

사랑이란
마음 샘의 크기

사랑이란
아끼는 강의 크기

사랑이란
주는 주머니의 크기 재기

받는 것보다
주는 것이 커야

사랑의 양이
사량思量이다

사랑한 사람의 일기·I

그립다는 것은
보고 싶다는 것

보고 싶다는 것은
같이 있고 싶다는 것

사랑한다는 것은
아낀다는 것

아낀다는 것은
헤어지기 싫다는 것

사랑한다는 것
언제인가 올 이별이 있음을
생각하지 않는다

그립다는 것은
사랑하고 있다는 것

보고 싶다는 것은
생각이 깊다는 것

사랑하는 것은
미움을 덮는 것

미움을 덮는 것
이별을 하지 않겠다는 것

사랑은 이익
생각하지 않으며
같이 있음에 감사함이라

사랑한 사람의 일기·II

사랑은 찔려도
아프지 않은가
사랑은 터져도
피를 흘리지 않는다

사랑은 병도 아니어
사랑은 약도 없는가
사랑은 아픔도 없어
눈물도 없는가

사랑한 사람들은 말을 하지
사랑, 모르는 사람
사랑을 못해 본 사람이라 말을 하지

사랑한 사람들은 이렇게 얘기하지
힘들어도 사랑하며 사는 거라고
사랑은 달콤새콤

사랑은
잡는 것이 아니라
잡혀 주는 것이라고

사랑한 사람들은
잡혀 주는 것이 아니라

잡아 주는 것이라

일기장의 글 노래 되어
달그림자 가르고
대나무 숲 사이 둥지로
공중제비 돌며 하강
촛불에 걸린
사랑의 가사는
밤의 침묵을 깬다

애인·I

사랑한 여인
마음이 아프도록
그리워했던 여인
헤어지기 싫어
데이트 뒤 등을 보며
잡고 싶어
같이 있고 싶어
보내기 싫어
눈속에 감추었던 그리움
설레임 가득
두근대던 여자

살아 보니
강산이 네 번이 넘게 변했네
푸르던 꽃은 윤기를 버리고
주름진 흔적의 계급장과
살아온 노고의 열매
노녀는 추억을 물들였네

좋아한 여인
생각하고 떠올려도
싫지 않는 여자
사랑 주고 싶어
사랑하고 싶어
다가간 여인

아낌없이 다 준 여인이여

40년을 넘게
같은 상자에서
시간의 여행을
항해하였다

살아 보니
그대 향한 그리움으로
그대 사랑 그리움으로
그대 곁에 살았네

사랑 나무 그늘로
여기까지 왔는데
어디까지 갈 건가

소망 하나로
그대 곁에 서리라
사랑 하나로
그대 노래 부르리

영혼조차 헤어짐을 허락하지 않는
타클라마칸 사막에
순장殉葬하고 싶다

애인·II

처음 본 순간
자꾸 눈길이 간다
생각이 많아졌다
어떻게 해야 할지
어떻게 같이 있을지
어떻게 마음을 전할지
그렇게 많은 고민 중

시간의 축은 몇 바퀴를 굴러
멀리 동대문 성곽의
교회 종탑
스피커 차임벨,
녹음 종소리
헤어져야 할 시간
그를 보내고
헤어진 후
생각이 더 많아졌다
심장은 콩닥거리고
쿵쿵 뛴다
달렸다, 뛰었다
지하철 계단을
두 계단
세 계단
내리밟으며

전철 개찰구를 통과한
그녀를 불렀다
저와 조금만 더
이야기해 주시면
안 돼요?
그렇게 후회할 일을
흘려보내고
하늘에서 꽃비가 내리고
세상 가장 환한
별세계를 걸었다
밤하늘의 별들은
소근대고

반짝반짝
그날
가장 잘한
최고의 사랑

지나가는 구름도
바람도 숨죽여
사랑 이야기에
몰래 귀를 댄다

첫인상

하얀 목련은
분을 바르지 않아도
고운 얼굴

노루는 그리움이 짙어져
잔등에 꽃무늬를 심었나
그리움이 사무쳐

첫날 보고 헤어져
다시 보고픈 그대여
분을 바르지 않아도 흰 얼굴

목련꽃 나는
바닷가 흰구름
하얀 마음의 그때 그 사람

TALK

쉽게 지우지 마라
휴지桶에 뭉개져 버리기보다
너의 폰에 뿌려져
phone에 있고 싶다

톡 in LOVE

문자 막 버리지 마라
휴지가 되는 톡
휴지桶에 던져지는 마음
너의 글자로
남고 싶다

카톡 in LOVE

얼굴도 모르고
이름도 모르고
어디에 사는지 모르는데
어느 날 내 톡방
설레이는 닉네임으로
초대해 놓고

어느 날
순간부터
내가 좋다고
사랑한다고
나 없이는 못살겠다
내 마음 뒤집어 놓고
밤, 낮으로
카톡 카톡
카톡 카톡 하던 너

너의 카톡 설레이고
밤, 낮으로 네 생각하게 해 놓고
카톡 카톡
카톡 카톡 하던 너

심장 뛰게 하더니
어느 날 한마디 말도 없이

그만 헤어져
이제 끝이야
어항 속 구피처럼
소리도 없이
눈물도 없이
안녕이라네
문자로 안녕하네요

묻지도 따지지도 않고
내가 좋다고
정말 좋다고
사랑한다 하더니
한마디 말도 없이
안녕이라네
카톡으로 안녕하네요

나 없이 못살아
정말 못살아
내 마음 들뜨게 하고
나, 잠 못 들게 하더니
여행 가자 하더니

한밤의 홍두깨
늑대의 하울링

카톡방을 울게 하네
내 가슴을 울리네
내 가슴에 멍 질러 놓고
잘 가라는 한마디
말도 없이
이제 끝이야
그만 헤어져
안녕이라네
카톡으로 안녕하네요
카톡 카톡 카톡
카톡은 차단되었어요
메아리만 남기고

본 적도 만난 적도 없이
뜨겁게 사랑하다
차갑게 이별입니다

카톡
카톡
카톡
카톡 카톡 카톡

카톡 사랑
이별 카톡입니다

꽃人

향기 없는 꽃도 꽃
향기 있는 꽃도 꽃
향기를 잃어버린 꽃도 꽃

이름 없는 꽃도 꽃
이름 있는 꽃도 꽃
이름을 잃어버린 꽃도 꽃

예쁘지 않은 꽃
미운 꽃
하나 없다

촛불

하얀 목련은
분을 바르지 않아도
고운 꽃

너의 이름은
생각만 하여도
고운 노래

그대의 향기는
현을 타고 와
나의 불꽃이 되고

불꽃에 비친
고운 눈
연잎에 구르는 이슬

찔레꽃

하얀 찔레꽃
별을 닮은 꽃
백설기 마음

노오란 찔레꽃
노랑나비 닮은
호박꽃 향기

빨간 찔레꽃
강낭콩 닮은
붉은 마음

찔레꽃 향기는
산을 이기고
파도를 잠재우며
히말라야 설산을 뚫고
나뭇가지에 바늘을 세운다

찔레꽃 향기는
슬프다
찔레꽃 향기는
너무 슬퍼요 했는가
누가— 그

찔레꽃은 슬픔이 없다
시간의 바람에 날려
아내의 이름
어머니
애인의 이름으로 핀 꽃
가슴에 핀 꽃
하얀 찔레꽃
찔레꽃
찔레꽃

들에 핀 꽃
찔레꽃
향기는……

찔레꽃 향기는 체온이고
사랑이고
어머니 향기
아내의 향기

찔레꽃
찔레꽃
향기는

고래

아버지의 어깨 위 바다가 보인다. 아니 아버지는 안 보이고 바람만 보인다 바람의 거친 삶의 고단함 포말이 씻긴다. 요즘에 또렷하게 보인다. 나는 옛날 아버지가 바다인 줄 알았다. 동해나 서해, 제주 바다, 장대한 파도를 잠재우는 바다는 모두가 아버지인 줄 나는 그때 느꼈다. 이끼와 말풀들이 스쳐간 곳, 파도가 부서지고 부서져 닿는 곳 울산시 온산동[1] 장생포[2]라고 수평선이 물들어 海霧가 해를 들어올리면 바다가 열리는 것이라고 그때 나는 부레를 헤집으며 아버지를 따라갔었다. 아버진 아들인 내가 가야 할 향장품 파는 상단 길을 앞장서 가시며 저잣거리로 끌어들이고 비린내 물씬 풍기는 경매장 가판으로 끌어들이고 있는 것을 몰랐다. 아버진 아들이 거친 바다를 끌어 짊어진 채 아득히 海底로 쫓기며 우비어 가는 것을. 가죽이 찢기고 헐거운, 낡은 수염을 날리며 늙은 동물이되 해구에 몰아치는 파도에 힘겨운 지느러미를 휘저으며 뒤를 보니 등딱지에 거북손, 따개비, 해파리를 다닥다닥 붙인 짐승이 작살 맞은 상처를 핥으며 따라오는 낯익은 동물이 보인다.

주1) 울산광역시 온산동은 온산병(공해병)의 발상지, 1970—80년대 중화학 공업 단지로 개발되었으나 일대, 주변 심한 환경 오염으로 농작물을 경작할 수 없고 심한 악취와 공기 오염으로 인간이 살 수 없는 땅이 되어 이주시킨 땅, 온산병 발상지인 동네.
주2) 포경선(고래잡이배)이 번성했던 고래잡이 포구(항).

幼年 시절 보았던 파도를 삼키고 바다를 옮기던 낯익은 분명 그 동물이었다. 잔잔한 물결도 버거운 듯 뒤따라오는 동물 골 패인 등가죽에 바다의 기억 파도의 노래 조개들의 이야기를 씻으며 숨을 헐떡거리며 느릿느릿 따라오는 젖먹이동물 한 마리가 있다.

2부

일상(삶)

삶

인간으로 살기 위해
삼신할미 점지 받아
만든 몸
세상 밖으로 밀어내는 것

사랑이란 시간 속
점지하여
我己에 아낌없이 주고
函 속으로 가는 거지

인생이란 여정에
빌고 빌어
뛰쳐나와
한세월 사는 거지

인간 사는 세상에서
짐바리로
나온 몸
管 속으로 돌아가는 것

人 사람 인
卜 점괘 복
己 몸 기
口 입 구

사랑

사람 사는 인간사에
빌고 빌어 만난 사람
내 마음 가운데
찍어 묻은 샘[泉]

ㅅ 귀 돌 무 고 내 이 참 빌 갈 선 몸 현 저 사
ㅏ 천 아 복 향 가 른 된 고 고 과 과 승 승 랑
ㄹ 도 가 으 으 나 뒤 사 빌 닭 진 마 에 아 이
ㅇ 愛 는 로 로 온 에 랑 어 고 실 음 서 닌 란

사
랑

봄[春]
―계숙에게

흰 옷을 녹여
새냇물을 채우고
느릿느릿 산수유
노랑나비 잠을 깨운다

낮달은 별빛 반짝 드는
청계변 수목 들풀에
봄내음 시작

싱그러운
사람들 종종걸음
아침이면 겨우내 묵힌
설레임이 살을 찌운다

내일을 기억하는 싹들
나는 옷깃을 여민 듯
거울 속 나를 보며
추억을 다림질한다

계숙아
나비가 누에의 허물을 벗기 전
보고 싶다

구겨진 시간의 헤어짐
윤중로 벚나무
꽃비가 내리기 전
그리움의 살을
빼고 싶다

립스틱 짙게 바르고

팔십 넘어
구십 고개
꼬부랑 고갯길
꼬부랑꼬부랑 넘어간다

왜 이리 작년과 다른지

립스틱 짙게 바르고
만나자던 그 말이
벌써 해를 지나는구나

어린시절부터
머리부터 장腸 속까지
훤하게 알고 있는
거울 같은 친구
요즘 무슨 생각하고
지내느냐?

내 넘어져 걱정과
암담暗澹할 때
너 보고 싶은 생각에
저세상 못 가겠더구나

그동안 살아온 시간이

헛되지 않음으로
고마운 인술仁術로
고마운 가족
고마운 주위
문인의 보시로
염라대왕 문전서 돌아왔다

널 만나고 싶음이
부질없는 욕심 아닌데

만나자 립스틱 짙게 바르고
계숙아
정계숙아

K. 지니아

열매가 되어
글 닿는 곳

시간의 나무가
그늘 되어
빛을 걸러 준다

글 한가득
붉은 철길 아래로
검은 탄가루가
채워지고

검댕은 깨져
뿌리고
空貨車 닿는
항구 어디뇨
닿을 곳 어디뇨

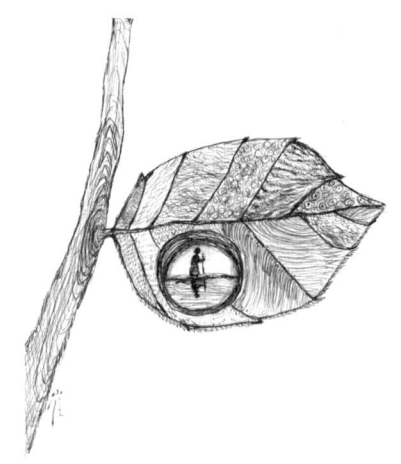

동자 생각

구름은 하늘의 가시에 걸린
소리의 열매

구름을 파는 스콥
화경話鏡의 이야기를 판다

물속을 휘영청 달리던
목어의 힘찬 날갯짓

물풀 흐드러진
발길 닿지 않던 촛불 향기

길 떠나는 바람의 소리는
멈춰진 녹슨 날을 세운다

거 누구요
지나는 나그네 가는 연꽃 그림자
가는 나그네
거 누구요
거기 누구요

비구 생각

집 외짝는
온통 겨울나무

창밖에는
만삭의 여인

그리움은
빗물 되어 나무를 씻긴다

아이는 아기를 밀어내지 못하고
끙끙거린다

빗속을 질주하는
광화문 네거리
혹 푸른 대청 기와집 마당

빗길을 질주하는
차 소리

흰 갈매기
균사菌絲의 춤사위에
바늘 한 침 꽂는다

시민이 죽어요
어린아이가 죽어요
동자가 죽어요!

기프트

태풍이 지나간 밤 달
아기를 잠 재우던
엄마의 젖무덤

올 선물은 늦어도 좋다
3038 혁명보다 더 진하고
장미 백서보다 더 선명한
하얀

제비가 물어다 주는
박씨보다
―찬
연꽃 향기였음 좋겠다

알라딘의 양탄자를 타고
풍경에 걸린
방아 찧는 옥토끼를
만나고 싶다

흰 망토
군상들
백목련으로 가린
세균들의 침공에
빼앗긴 시간을
하루빨리 찾고 싶다

유성의 순검

별똥별 몇 개
자갈의 숲속을 키우고 있다
용수 물풀들이
빙하에 젖은 진의 꿈을
덮어 주고 있다

서울시 종로구 광화문로 1번지
혹은 광화문구 청와로 1번지
사내 한 명이 일어서고 있다
별은 깨지고
만유인력 힘은 뒤틀리고
태양계가 터지고

깊고 푸른 성하의 빈터로
금 星
은 辰
여우 꼬리별
어름에 젖은 꿈을
덮어 주고
소우주의 이야기를
새록새록
안아 주고 있다

행진

거대한
도시를 뛰자

환히 밝힌
LED 조명의 차가운 숲

싸늘한 대화를
끊어진 수많은 약속을
밟으며 뒹구는 맹약盟約
블랙홀 속으로

행진하는
군상의 초상

거대한
빌딩의 바닥을

내리 때리는
침묵의 구둣발
끝없는 소리 없는
발자국
……
……
…

...
..
.
타타
타타타

추억은

쓸어 담기 전의 이야기
시간이 지나면

구름 속을 헤집는 낙엽

더 지나면
절로 짓는 미소

더더 지나고 나면
마음속에 흐르는 빗물

더더욱 지나면
소천召天을 기다리는 주름진 사진

어떤 술자리

기분 좋은 술을 마시면 노랠 부른다
기쁜 날 술을 마시면 생각이 맑고
좋은 날 술을 마시면 사랑이 숨쉰다

기분이 나쁜 날 술을 마시면 욕, 나온다
슬픈 날 술을 마시면 생각이 흐리고
나쁜 일에 술을 마시면 미움이 꿈틀댄다

선술[善酒] 눈물의 이슬
악주惡酒 눈물의 서리
이슬과 서리가 합쳐지면 반주

사랑과 미움이 합치면 애증愛憎
미움과 사랑이 합치면 사랑思量
술은 사랑과 미움의 눈물인가?

新村에 가면

그곳에는 천사가 산다네
와인 빛 향기 닮은
백의白衣
청초가인淸楚佳人

사랑의 무게에 대하여

누군가를 좋아해 본 사람이면
주는 마음이 어떤지를 안다

누군가를 사랑해 본 사람이면
사랑받는 기쁨이 어떤지를 안다

누군가에게 이쁨을 받아 본 사람은
행복의 무게가 얼마인지를 안다

누군가에게 사랑을 받아 본 사람은
사랑의 무게가 얼마인지를 안다

사랑한 사람들은 저울에 눈금
얼마나 올라가고 내려가는지를
바람처럼 구름처럼 잴 줄 안다

사랑 한 번 못해 본 사람들은 이렇게
애기하지 사랑. 기쁨, 행복에
무슨 무게가 있느냐고?

우리는

백일홍 꽃,
나무는
피고 지는
정해진 기간
확실한데

인생이란
가는 날
언제인지
알 수 없는
終至

야로화夜露花

잘나서 예쁜 꽃이여
예뻐서 태양을 피하는 꽃이여

세상 예뻐, 너무 예뻐
태양을 볼 수 없는 꽃
밤에만 피는 꽃이라네
조명 불빛 아래
음악의 리듬 먹고
춤추는 꽃이여

너무 예뻐서 피는 꽃
잘나서 밤에 피는 꽃
수많은 날의 꽃이여
수많은 바람의 꽃이여
기계 음악 반주에
LED 화면의 율동
춤추는 꽃이여
그렇게 피는 꽃이여

내 안의 초상肖像

해 떨어져 부는 바람이건
꽃 피어 떨어져 부는 날이건
그대 곁에서 부르리라

연꽃 향기 분칠한
수수꽃다리
어디서 오셨나
너의 향기를
허리끈 내 몸에 묶어
꽃이 피고 지는 이 없는 골짜기
시간이 멈춘 향일암
관세음보살
석상 되어
님 향한 기도 되리라.

갠지스 강의 한 줌 물로
돌아가려니

나무 관세음보살
나무 관세음보살
늙은 노승의 구도 소리
허공에 향기 가득
멈추어 선다

갠지스 강의 한 줌 물
동심원을 두들겨
재촉하며
돌아가는 중

해우소 앞에 걸린 팻말

구도 중

방황彷徨

밤의 혼돈에서 눈을 뜬다
밤새 시간을 비행한 흔적은
혼미한 기억
눈빛을 그린다

아침 햇살 속 눈빛은 달라
도망치는 시간에
너의 손길이 느껴져
어떻게 네가 여기 있었으면 하는
바람도 이제는 끝이야

아침 바람 속 눈빛을 알아
쏟아지는 빛 속에
너의 숨결이 느껴져
달리는 시간은 떨어져 뒹굴고
설레임과 두려움
어떻게 가야 할지 놀란 눈
네가 여기 있었으면 하는 바람도
이제는 끝이야
두렵기 때문에
언젠가 다가올
이별 되새김 되어
깨진 기억이 소환되고
어혈瘀血이 낭자한
추상追想 되살아나

기어다닌다

바람이 운다
낮달의 음영에 갇힌
영혼의 떨림
추억의 울림
어떡해 어떡해
네가 있었으면 하는 기억
네가 있었으면 하는 바람
이제는 끝이야

알 수 없는 나를
혼연混煙하여

영혼조차 탈출
허락하지 않는
타클라마칸 사구에 빠져
너의 그리움이
너를 향한 그리움이
그 흔적이 고스란히
널려
나뒹굴고
아픈 내 가슴이
너를 향한 그리움이
너를 향한 마음이

사진

낡은 인화지
시간이 흘러
겹겹 쌓인
멈춤 시간

눈가 미소
입가 미소
기쁜 추억
좋은 기억

멈춘 시간
그 시간
되돌려

먼지 속
빛바랜 시간
절로 미소 짓는다

추상追想

바람 속
시간 길
잠시 멈춘
초상

먼 후일
돌아보니
멈춘 시절
젊은 날

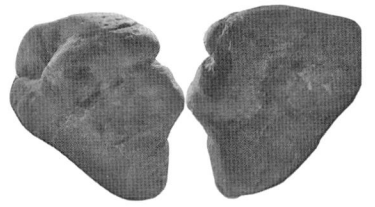

始初 시초

그대로
그대로
처음대로
태초대로
울던 그대로
발가벗은 그대로

웃게
울게
있게
죽게
가게

눈 미소
풀의 속삭임
물고기의 축가
새들의 춤
바람의 유형

그렇게
하게요
두세요
그렇게

두지요

구름에 바람
스치는 것도
아프기
노래도 구름도
바람을
피합니다

갓생[今生]

아주 먼 날 죽었던 대로
아득한 훗날 살았던 대로

낙타의 노래
노아의 노래
야크의 노래

뛰지 말라
뛰지 말아

코알라
풀 씹는 소리
여물 씹는 소리

낙타의 노래
노아의 노래
야크의 노래

풀의 노래
낙타의 노래
노아의 노래
양들의 합창

갓생
God생
갓생
God생

갓생
God생
가생假生
허생獻生

終至종지

그대로 싹튼 날
그대로 놀던
그대로 때묻은
그대로 버려지는
그대로

그렇게 도착
그렇게 출발
凍土동토의 풀
동족의 땅에

歸天귀천

돌아가리
돌아가리
자장가 불러
젖 물리던
엄마 사는 곳으로

돌아가리
돌아가리
엄마 부르는 노래
등잔불
바느질 그림자 비추던

고향으로 時鄕으로 사랑방
노래 속 노래 가사 향기 가득한
뭍으로 돌아가리 돌아가리

유정 만리

　유년 시절 고무신 신고 학교 가던 등굣길 읍내 5일장 사탕 사러 갔던 신작로, 머리에 서리가 내려 찾은 고향집, 성성한 어머니 허리는 할미꽃 활[弓]이 되었다. 마복산* 거북바위, 지붕바위, 투구바위, 학바위는 날지 않고 그대로고 청죽靑竹, 청송靑松은 성성하구나. 먼지 폴폴 날리던 비포장길은 한길로 포장되어 검은 아스팔트길이 되었고, 어린 감나무는 나이테를 살찌워 주렁주렁 홍시紅柿 달아 묵은 시간을 표기한다. 오랜만에 마주한 어머니는 새벽 상경할 아들의 모습을 더 보고자 잠든 아들의 모습을 쳐다보고, 솔부엉이는 어둠을 지배하며 밤의 침묵을 깬다. 밤은 시간의 경계를 다가올 시간보다 더 긴 삶의 여행을 소환하여 잠자는 아들이 키워 온 멈추어진 빛바랜 소사小事를 늘어놓는다. 이슬 맞은 이야기는 가슴속으로 묻고 아들이 녹록지 않은 삶에 안쓰럼과 감사의 글을 선물하고 나도 모르게 잠에 든다. 밤을 밀어내는 닭 울음 소리에 화닥닥 깨어 보니 아침을 들어올리는 닭의 울음 소리가 야속하구나.

---

* 마복산: 전라남도 고흥군 포두면에 위치한 539미터의 산(말이 엎드려 있는 형상의 산).

3부

봄·여름·가을·겨울

청산을 열고

  대청을 열고 밖의 나목裸木을 보니 작년에 지나간 바람의 흔적이 예사롭지 않네, 이슬에 젖은 함성은 차가운 동장군이 올 것을 예측한 듯 몸을 움츠려 단풍의 물들임에 양보한다. 어제 지나간 태풍은 이슬의 눈에 걸린 개구리알의 배란처럼 투명하고 선명한 바람은 장고한다. 창밖의 벌거숭이 행자를 보니 오래 이별을 반복 한 흔적이 예사롭지 않네, 오손 잎은 이별이 절정을 예측한 듯 마음 물들여, 바람의 가시에 걸린 시간, 바람, 동자승의 싸리 빗자루 소리. 여러 해 보내 버린 구름, 마당에 긁힌 빗자루 자국을 보니 또 닥쳐올 시간의 엄습 이렇게 또 구름과 비를 보내나 보다.

외로운 섬

보고 싶은 자
그리움 깊은 자

보고 싶은 자
그립고 싶은 자의
칩거를 살찌우는 소리

마음 벽에 부딛치는
주여 불타여
선禪의 땅에 온통
그리움의 칩거를 더해
잠그는 소리만
가득하고

불타오르는
칩거의 숨김이
풍경을 때린다

도시 연가

광화문 새 무슨 노랠 하는 거뇨
북악산 소나무 한 닢 물고
아차산의 사모곡 부르느뇨

종로의 벗나무여 어떤 생각하느뇨
낙산의 봉화대 사시나무
검바람에 떨 걱정 떠올리뇨

인왕산 호랑이 뭐하고 노니느뇨
삼각산 올무에 걸려 울부짖던
잔인한 5월이 생각나느뇨

아가야 울지 마라 잠자다 오줌 싼다
몇 날, 며칠 뜬눈으로 새웠던 시간
한강물에 씻겨 드리우고 잠드느뇨

걱정 따위 필요 없어 모든 것을 지워 버려
오늘 깨진 오발 사랑 내일 다시 할 수 있어
내일 또 다른 사랑 뜰 거냐

거리의 가로등 연무에 묻혀
희미한 빛에 비틀거리고
사랑……
멀리 우는 숨가쁜 호루라기 소리

남산 팔각정 수많은 언약
굳게 다문 자물통
지그시 미소 짓는다

가을 편지

배롱나무 아래서
삶의 기억을 읽는다
추억의 시간을 밟는다

붉게 핀 이야기는
송골송골 꽃등에 매달려
홍등紅燈을 밝히고

겨울, 봄 내내 쌓은 시간
여름내 불린 추억의 보따리
바람 마당, 바람의 향기

배롱나무 눈가에 촉촉이 적시는
뜨거운 이야기 지나온 시간을 거슬러
꽃 이야기를 연재한다

나는 누군가와 친구였지
너 또한 누군가의 친구였지

어릴 적부터
친구야
꼬부라진 이야기
꼬부랑 고갯길
이야기꽃 가득 뿌리고

꽃잎이 휘도록
가을 편지를 쓴다

고흥 소녀

하늘
순하고
아름다운
하늘

별을 품는다
구름을 안는다
수많은 이야기와
수많은 사람과
별을 사귄다

아름답고
예쁜
이 땅 위
달과 별을 닮은

고흥 나로도
양¥의 눈을
닮은 소녀

벼[禾]

아침 벼 잎
누런 황금
나락의 살 채우려
논두렁길
발목 적시는
가을 답畓
영롱한 이슬

빈 가을[空秋]

바람이 분다 서늘한 바람이 오늘 바람 어제 같지 않음은
바람의 노고에 수고스러움을 식혀 주렴인가

땡볕에 견디고 싸우던 시간 노고와 수고스러움이 허공에
날아가 버리고
텅 빈 가슴이
허전해진다

어제 불어온 기름 냄새 듬뿍 쳐진 생선 굽는 냄새 연기

많은 구름과
수많은 이별과 만남
바람을 베고
시간을 가르던 바람

허공을 후비어
텅 빈 가슴 허전함에 물든
날 선 시간들
만남과 이별

아침 색바람 서성曙星이 빛난다
개구리알보다 선명한 맑은 새벽별 싸늘히 식은 구름
허전한 마음을 물들이고 뒤를 돌아보니

뜨거운 사랑의 자욱
사랑의 썰물에 빠져
허우적거린 시간

서늘한 바람 시간의 열차는
다가올 이별을 반복한 흔적을 소독한 뒤
다시 올 이별도 두렵지 않음을 다짐하고
허전한 바람길 바람의 시간 속으로
아스라이 텅 빈
마음이 젖었음을

새털구름

보고 싶다
보고 싶다
그러면 보여질까

그립다
그립다
그리하면 만나질까

그 님
그 사람

지문指紋

산동네
담벼락
동네 길 돌고 돌아
숨바꼭질
시간은
해 저문
남산 꼭대기
돌돌 말린
골목길

내 마음의 단풍

마음이 불타
물들면 단풍丹楓

마음이 곪아
물이 들면 노란 楓

마음도 불타
붉게 물드는데

은행아 너는
내 마음 알지

설국雪菊

계절의 갈래
향기를 그린다

한 닢 마디 짧아지는
가을의 미련
한 닢 마디 길어지는
겨울밤

가을에 거두지 못한 사랑
동면에 푹 싸 덮고

첫눈 이불 삼아
설잠 새우는
자장가를 들어 본다

쉽게 보낸 가을
눈 속에 갇힌
너의 곁에 못 간 그리움이
눈바람[雪風]에 날린다

홍문紅吻

너의 붉은 입술
석양에 불타는 마음

너의 붉은 입술
홍시 물든 마을

너를 향한 마음
심장을 데우는 화로

너를 기다리 마음
화로火爐에 올려진 뚝배기

나무에 걸린
해를 닮은 홍시

겨울 연가

내가 사는 동안
가장 잘한 일

너와 만남
소중한 시간 여행

내게 가장
따듯한 난로는 당신

내가 살아가는 동안
가장 잘한 선택

당신의 깍지
꼭 잡은 연緣

내게 가장 아름다운 노래
사랑이여
그리움이여
내 눈 속에 그대가 있음이라

겨울 산

겨울 산을 보면
얼마나 벗었는지를 안다
옷을 벗은 산
능선을 훤히 비춘다

겨울나무를 보면
얼마나 버렸는지를 알 수 있다
살 뺀 나무
속살 고스란히 들춰 낸다

도시의 빌딩 숲에 갇힌 꽃
실컷 먹고 멈출 줄 모르고
연신 먹어 댄다
겹겹이 지방脂肪층이다

콘크리트 숲 까마귀
배를 가득 채우고도
빼앗길까 두려워
연신 쪼아대며 울어 댄다

산은 벗는데
나무도 비우는데
물메기 속살처럼
모두 훤히 비추는데

잠자리

하늘 공원 맴돌아
강아지풀 솜 가시
살포시 앉아
우주를 품은 아이

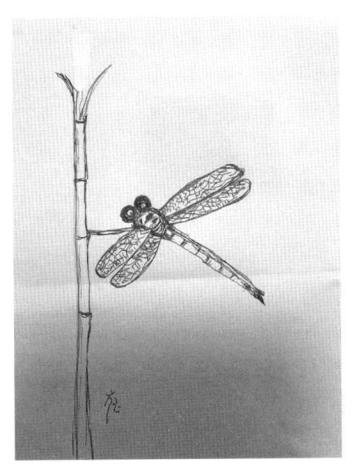

바람

어디 사는지
어디서 오는지
어디로 가는지
너는 알지

구름

여보게
어찌
그리 빨리 가는가
바람의 초대 받고
그리 가는가
무서리 걷힌
홍단풍 붉게 물든
까마귀
우는 땅

내게 물었다

내게 물었다
너는 누구냐고
나는 최효림입니다 말했다

내게 물었다
너는 누구냐고
나는 쑥부쟁이 남편이다 말했다

내게 물었다
고향이 어디냐고 물었다
충주라고 하였다

내게 물었다
너는 누구냐고
아버지의 아들이고 어머니의 아들이라

내게 물었다
너는 누구냐고
나는 늙어가는 시인이라

내게 물었다
너는 어디로 가느냐고
난 잘 모른다 말했다
어디로 가는지

어떻게 가는지
언제 가는지

신음呻吟

사막 모래 위에
손자국을 찍어 낸다

흐르는 강물
발자국을 던져 댄다

밤새 머리가 희도록
구겨진 종이

찌그러진 종이 속
빼꼼한 눈동자

얼굴에 묻은 인고
지그시 빈손 잡으며 미소

아침은 죽어도
밤을 들어올린다

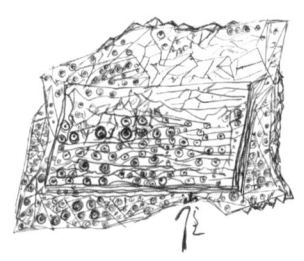

자해字解·1

삶

ㅅㅏ 인복
ㄹㅁ 기구

자해字解·2

삶

生에 펼치면

ㅅㅏ ㄹㅏ
　ㅁ

자해字解·3

삶

마음에 펼치면

ㅅㅏㄹㅏ
 ㅇ

자해字解·4

ㅁㅏ

ㅇ
ㅡ
ㅁ

ㅁ : 구
ㅏ : 복
ㅇ : 심장
ㅡ : 일
ㅁ : 입

자해字解·5

口丨

　ㅇ
　丁
　口 : 입, 심장, 관, 창, 바늘 찌르고 뚫는 것

口 : 구
丨 : 바늘 침
　창 곤
　뚫을 곤

입, 심장, 관, 창, 바늘 찌르고 뚫는 것

4부

약속 (기후 환경)

高喊고함

아파요
너무 넘우

망가진
성星
지地

초록 별

늦기
늦기 전에

畏鍼외침

두렵다
무섭다

호미니테

파내고
자르고
오르고
버리고
밟고 더럽히는

코카소이드
니그로이드
몽골로이드

레드 오션
불타는 땅
병들어 가는
성星
지址

울림

들어 봐. 들어 봐 아픔을 절규하는 earth. EARTH 침묵의 소리, 별에 스치는 때문힘, 거북등 균열, 파상풍보다 더한 아픔 환경 파괴증破壞症에 걸린 한 별의 처절한 울림 은하의 말단 블랙홀 속으로 넣은 퇴적堆積의 시간을 기억하는가, 기억해 다오, 기억해 달란 말이라오, BLACK hole 속으로 빨려가는 earth 울림. 어쓰— 뱀의 귀에 울리는 절규가 아니란 말이라오, 수없이 날개 꺾인 울림, 겁에 질린 아이의 눈망울이 블랙홀 속으로 휴지 되어 빨려들고 있다. 귀를 기울여라 울림의 절규에, 들리는가! 외면外面으로 무장된 부서진 울림, 블랙홀은 수없는 시그널을 빨아들이고 있었다. 아무 일 없는 듯. 아무 일 없는 듯.

멈춤

눈 크게 뜨고 보아야
똑바로 보인다
그래야 보인다
떨어지는 수많은 약속들이
부서져 내리는 것을 볼 수 있다

수없이 많은
말이 떨어진다
돌 같은 약속들이 깨어진다

입다물고 들어야
들린다
수없이 많은 말이
구름처럼 쏟아진다
입을 꽉 물어야
들린다

깨어지는 속고쟁이
벗겨지는 소리가

바람과 구름과 새

빙하와 사막은 가까워졌다
킬리만자로의 표범
우리에 갇혔다
초원의 양떼도 우리에 갇혔다

천수만
시화호, 순천만
흰 도요 가마우지
날개 꺾인 기울어진 군무가 비상하고
새들의 처절한 울음소리
핏빛 석양 허공을 찌른다
날개 잃은 새끼
공포에 질린 눈망울
별을 쏘아 올리며
털 빠진 날개를 허우적거린다

인적 드문 도시
빈 둥지만 나뒹굴고
거사에 성공한 세균들은
연실 포자를 나르며 검은 축제

산이여
바다여
남산의 소나무여

노아에게, 올리브 가지를
물어다 준 비둘기
그 엽서는 언제입니까
그 편지를 돌려주세요
그 시간을 되돌려 주세요
그 노래를 들려 주세요

빈 둥지에 알이 차는
그날을
……

시그널 · 1

초록 별
바다는
벌레의 집
꿈

벌레는
집을 빼앗기고
꿈이 밟히고
바다는
죽었다

바다는
더—
바다가 아니다
꿈이 무너지고
집을 잃어버린
서러운 별

민들레 안[愛]

민들레 꽃씨
날리며 부르는
노래

가을 산
붉게 물든
노을

파르라니
떨리며 하신 말
당신밖에 몰라요

시그널·2

人[사람]
바다를 가꾸었다
바다를 만들었다
너—희가 바다를 만들었다
바다가 인간을 만들었지

사람들
나무를 길렀다
나무를 가꾸었다
자네 나무 길렀는가
나무가 사람을 가꾸었지

사람이 공기를 맑게 했다
공기를 더럽힌 건
너라고
성난 엘니뇨 경고
바람의 시그널

꽃을 가꾸었다
꽃을 심었다
자네 꽃 가꾸었는가
꽃이 사람을 가꾸었지

성난 바다
枯死목
붉게 탄 하늘
꽃은 바늘 한 주먹 쥔다
엘니뇨 경고
성난 시그널

고양이 꽃

반복되는 일상
옥구슬 떼구르르
고양이 꽃

울림 있는 미어美語
소년을 안심시키는
묵직한 글
눈을 뜨면
다가오는 꽃잎

어디서 그런 시간을
잡아끌어
멈추게 하는지
천사의 비행

영혼까지 가두려는 것인가
허물고 싶지 않은
성궤城軌

내심 의사가 아니어도
듣고 싶지 않아요
깨고 싶지 않아
깨어나고 싶지 않아요

산을 멘 영산홍
어디서 그런 꽃을
찍어 내는 것일까
발바닥 닳도록
꽃을 찍었다

가을 동화

　곡식이 익는 가을에 사랑한다 말을 하겠어요. 대추 붉게 익은 인사를 하겠어요, 봄에 못한 그 말을 하겠어요. 지난 여름 담아 두었던 그 말을 꺼내 단풍잎 붉게 물든 가을 나무 아래서 아내 얼굴에 행복이 물든 진혼眞魂 담은 이야길 하겠어요, 곱디고운 당신에게 겨울 화로 속 활활 타는 뜨거운 마음 담은 글을 전하겠어요.

가을 연가

전어가 풍어인 가을에 전어를 굽겠어요 작년에 굽지 못한 전어를 굽겠어요 비린내 물신 풍기며 소금 연기 뽀얀 추억을 굽겠어요. 봄에 집 나간 사연을 덮고 궁굼해 하지 않겠어요, 지난 여름 태양 볕 아래 매미 울듯 외치던 힘든 노래, 기억을 묻고 마음으로 되새김하겠어요 석쇠 위에 기름을 떨구며 구워지는 지글지글 연기 냄새 머금고 고소하게 익는 추억을 굽겠어요 겨우내 꽁꽁 언 하지 못한 사랑 한단 이야기, 숨겼던 청혼을 하겠어요, 사랑 먼저 살림 먼저 시작한 사랑의 마침표를 찍겠어요, 흰 실타래 돌돌 말린 국수를 준비하겠어요

AI city

사방이 콘크리트 벽, 싸늘한 글라스 상자, 배고픔도 허기도 없는 시간 아픔만 남은 도시 오염되고 파괴되고 망가진 별, 후회도 접수할 수 없는 후회도 생각할 수 없는 시그널 도시, 신문고 북채조차 두드리지 못하고 눈길조차 서지 못하는 COSMOS COSMOS. SPACE SPACE

아득히 먼 어느 기억, 따스한 사랑 달콤한 입김, 달달한 눈빛. 새의 소리. 바람의 소리 물의 소리. 나뭇잎 비비는 사랑의 몸짓 파헤쳐지고 매몰돼 씻기어 사라진 이상한 나라의 별

따스함 없는 조명 빛
온기를 잃은 태양
식어 멈춘 마그마河
더는 뜨지 않는 해
사방이 콘크리트 벽
인류 최고 발명품 플라스틱
투명 상자 안의 반짝임은
전신에 퍼진
말초 신경마저 조종되고
조종 당하는 AI 사피엔스

강원도 용대리 덕장에 걸린
AI 이를 만든 두뇌와 골이

덕장 걸대에
주렁주렁
비틀어지고
말리어지고 있다

AI 만든 그들
AI 생각하고 만들던 종은
AI 사피언스에
여기저기 거치대에
걸려지고 묶어지고 있었다

세상 구원한다던 눈동자는 까마귀 피부에 박혀 어디에 있는지 알 수 없고. 자취 없이 덮인 끼미귀 털에 숨었나. 털 속에 숨은 자여 사방에 깔려 메아리치는, 말라비틀어지는, 해골 함성이 사방 깔리고 AI CITY에는 다른 종의 AlphaGoGA 잉태되고 있었다

플라스틱 World

바람아
구름아
성을 내어라
화를 내란 말이다

죽여도 죽지 않는
덩어리
썩혀도 썩지 않는
덩어리

묻어도 사라지지 않는
너는 누구냐

발명에 좋아하고
사이언스에 자랑하던
너는 누구냐
어디 숨었느냐
까마귀 털 속에
숨었는가

방부제 없이도 썩지 않는
쉼 없이 만들어지는
플라스틱 City
플라스틱 World

5부
연작시, 수필

호모 사피엔스 사피엔스·1

사라진 인류
고래 사피엔스

지구 물속
어디에도 살아 있는
사피엔스는 없다

7천만 년 전 상속된
살생의 유산
울산 광역시 언양읍 대곡리 234-1
반구대 암각화에 선명히 새겨져 있다

선량한 지느러미를 흔들며
미소 짓던
바다의 시민

그들이 온전히 살던
평화의 바다가
반구대 암각화에 또렷하게 증거하고 있다

호모 사피엔스 사피엔스·2

죽은 사체를
전리품으로 끌어올려
기름을 짜고
살을 헤집어
찢고 발기고
자른 고깃덩어리를

질겅질겅 씹는
벌거벗은 족속들이 보인다
저들이 바위 속에 자리하고 있다
뻔뻔한 띠를 머리에 매고

춤을 추는 카인1
카인2
카인3
카인4
카인5
카인6
카인7
카인8
카인9
카인10
반구대 암각화에 선명히 새겨져 있다

호모 사피엔스 사피엔스·3

춤을 추는 카인 후예1 옆에
눈물을 뿜는 새끼 밴 고래에
작살을 꽂아
끌리어
올라오는
젖이 식어 가는
엄마의 젖에 물린 아기 고래
눈을 뜨지 못하고
엄마의 주검과 같이
죽음을 맞이한다
임산부의 눈빛을
외면한 카인 후예2
카인 후예3
카인 후예4
카인 후예5
카인 후예6
카인 후예7
카인 후예8
카인 후예9
카인 후예10
숯으로 그리고
돌칼로 그리고
청동으로 파고
철鐵로 파며

시간을 이어
암각화는 늘어갔다

호모 사피엔스 사피엔스·5

가세 가세 어서 가세
고래 잡으러 바다로 가세
가세 가세 모두 가세
고래 잡으러 바다로 가세

가세 가세 고래 잡아
기름 짜러 바다로 가세
가세 가세 바다로 가세
고래 잡으러 바다로 가세
어이 어서
어이 어서

사냥 노래는
돌에 새겨져
7천만 년을 불려졌다

고래가 사라진 후
노래가 더는
불려지지 않았다
부르는 이가 없다
수렵狩獵의 노래는
파도에 씻기어졌다

고래가 사라진 후

아벨의 땅에
더는
평화가 없다
고래가 사라져
고래를 부르는 이가 없다
이 노래는
암각화에서 날아가 버렸다

호모 사피엔스 사피엔스·4

암각화를
자세히 보면
거기에는
나만 혼자 있지 않다
귀신고래. 혹등고래, 돌고래,
상괭이, 수염고래, 밍크고래, 곱세기
같은 족속들이 보인다
작살에 꽂힌
창에 찔린 고래
줄에 매달려 올리는
물을 뿜는 고래
갑판에 뒤집혀진 고래
숨을 헐떡이는 고래
동족이 보인다

호모 사피엔스 사피엔스·6

아벨의 땅
고래가 마음껏 뛰고
다니던 약방 골목길
공중변소 옆
젖을 먹이던 수유실
먼지 가득
패총貝塚에 묻혀
없어진 지 오래

울산 광역시 장생포 앞바다에
상괭이 울어 댄다
뭍에는 말라비틀어진
귀신고래 바제가
태고의 파도 이야기를 꿈꾸며
방부제 듬뿍 쳐진 유리관 속에
뉘어 있다
그 이후 살아 있는 상괭이
곱세기를
보았다는 사람은 아무도 없다

호모 사피엔스 사피엔스·7

고래가 살 수 없는 바다
곱세기가 사라진 땅
고래의 노래
고래의 추억도 없다
고래를 보러 오는 이조차 없다
고래가 없는 바다는
파도조차 살기를 거부한다
욕심, 하늘만큼 높은
빌딩 숲
도시의 파괴
콘크리트
플라스틱이
대신 채웠다

호모 사피엔스 사피엔스·8

귀신고래. 혹등고래, 돌고래,
상괭이, 수염고래, 밍크고래, 곱세기
내 족속들은 안 보이고,
백상아리, 슬리퍼상어, 타이거상어,
배스컴상어, 헬리코포리온, 메갈로돈,
강남상어, 귀상어, 뿔상어
샤커 세상이다.
그 이후 암각화가 더는
조탁彫琢되지 않았다
고래는 나타나지 않았다

상괭이가 사라진 바다
성난 엘니뇨
경고의 시그널

호모 사피엔스 사피엔스·9

우산국(울릉도)
강치가 없다
강치가 사라진 지
수십 년
그렇게 곱세기
강치는 이름만 남겼다

그 이후 귀신고래
강치는 볼 수 없었다

호모 사피엔스 사피엔스·10

카인
카인2
카인 후예
카인의 후예2
너의 죄를 사하느니
더는 카인의 후예가 없었다
그 이후
곱새기,
강치는……

호모 사피엔스 사피엔스·11

그 이후 바다는 반구대 암각화는 고래의 힘줄이고 고래의 핏물이 물든 함성이 철썩 처얼썩, 처얼썩 철썩. 태고의 포경선이 고래들이 잠자고 뛰어노는 저편의 바다로 출항하고 있었다

레드 폭스·1

밤마다 나타난다
여우가
매일 밤 여우가 내려와
사람으로 변한다[1]
여우가 밤마다 나타나 울어
안심리 구씨 40세 여인 변소에서 죽었다[2]
빈번하게 나타나던
흔하던
그 여우는
어디로 갔을까?
그 전설의 여우
더는 없다

1) 1924년 4월 7일 《조선일보》
2) 1924년 1월 12일 《동아일보》

레드 폭스·2

잡자
잡자
쥐를 잡자
쌀도둑
곡식 도둑
쥐를 잡자
쥐를 잡자
쥐잡이 노래는
삼천리 방방곡곡
울려퍼졌다
그 이후
쥐는 사라지지 않았다

쥐약 먹고 죽은
죽은 쥐를 먹고 여우는
이 땅에서 사라졌다
영원히 가 버렸다
더는 여우를
보았다는 사람이 없다

레드 폭스·3

쌀을 늘리자
곡식을 지키자
먹을 것을 늘리자
쥐를 잡세
쥐를 잡자
쥐를 죽이자
전리품을 세고
쌓아
실적 보고
공적 발표
쥐는 줄지 않았다
쥐는 죽지 않았다
쥐잡이 운동 진개하고
잡은 사체 수를 보고하던
그때 그이는 어디로 갔나
종을 말살하고
파괴한 자여
더는 야생이 아닌
숲은 죄를 증거한다

레드 폭스·4

꼬리 아홉 개 달린
무섭고 슬픈
사랑의 주인공
구미호狐
도시의 개발
산림의 파괴
산업화 떠밀려
산을 깍아 공장 짓고
길을 내어
여우는 폐수 가득
개울가로 밀려나
숲에서 사라져 버렸다
영원히 가 버렸다
더는 여우를
보았다는 사람이 없다

레드 폭스·5

여우야 야우야 뭐하니?
여우야 여우야 뭐하니? 잠잔다
여우야 여우야 뭐하니? 세수한다
여우야 여우야 뭐하니? 옷 입는다
여우야 여우야 뭐하니? 똥싼다
여우야 여우야 뭐하니? 밥 먹는다
무슨 반찬? 개구리 반찬!
죽었니? 살았니?
살! 앗! 다!

어렸을 때 했던 놀이는
사라졌다.
노래는 동화童話로만 남았다
더는 이 놀이
더는 이 노래가
불려지지 않았다
이 노래는 부르는 아이가 없다
노래는 바람이 되었다
노래는 음계에서
지워져 버렸다

레드 폭스·6

한반도를 설치던
한반도의 맹금
설치류의 절대 지배자
여우는 사라졌다
1978년 지리산에서 잡힌 것을 마지막으로
한반도에서 붉은 여우는
영원히 자취를 감추었다
주둥이 뾰쪽하고
귀가 뾰족한 그런 놈이 없어져 버렸다
아니 씨가 말라
종種이 사라져 버렸다
여우 민족이 멸종하였다
더는 붉은 여우*
한반도에서 볼 수 없다

*土種 여우

레드 폭스·7

여우가 한반도에서 사라졌다고, 그래 뭐 그리 극성이냐 그게 뭐 중요하냐 그놈들 한 종 없어졌다. 한반도가 망하느냐 지구가 꺼지느냐 하는 족속들이 있다. 목에 여우 털을 두르고, 등짝에 여우 껍질, 여우 가죽으로 가린 족속들에게 경고한다. 여우의 울음은 숲 합창이고, 울림이고, 자연의 교향곡이다. 여우가 숲의 균형을 이루고 설치류, 파충류, 조류의 개체 수를 조절하는 절대자. 여우가 없는 숲은 불균형, 부정이 판친다. 여우가 없는 숲은 인간도 살 수가 없다. 숲은 아파도 아프다 말 못하고. 슬퍼도 슬프다 안 하는데 마구잡이로 여우를 말살한 인간이여 이 뻔뻔한 인간이여 개가 여우를 대신할 수 있는가, 고양이도 여우를 대신할 수 없다. 여우가 사라진 숲 더는 야생이 아니다.

레드 폭스·8

　2012년 중국에서 들여온 붉은 여우, 시베리아에서 들여온 붉은 여우, 더는 한반도의 여우가 아니다. 원종原種이 사라진 한반도에는 더는 여우가 없다. 한반도에서 사라진 여우는 영원한 작별을 하고 북녘 하늘 별이 되었다.

레드 폭스·9

　죽은 여우는 하늘의 별자리가 되어 지구를 본다. 멀리 사막의 귀 큰 여우를 부러워하며 낮에는 슬퍼서 너무 슬퍼 울다 지쳐 잠들어, 밤이면 깨어 잊혀진 여우의 노래, 여우놀이 하며 밤하늘에 별[星辰] 만들어 낸다. 또 밤이 지나면 죽은 여우가 만든 별이 사막의 여우에게 나 같은 슬픈 별자리[星座] 되지 말라며, 붉은 여우의 눈물은 밤하늘 별이 되어 사막의 여우에게 뿌려 댄다. 더는 멸종하는 동족이 없길, 슬픈 이야기가 되는 아이가 없기를 기도한다.

청령포·1

그리 깊은 곳
어이 찾아냈을까
깊고 깊은 곳에 보낸 그는
거기 살지 않겠지
깊고 깊은 그곳

청령포·2

구름이 지나며
흘리는 눈물
닦아 드리려고
낙산駱山 넘어
창신동 망원정에
뿌립니다

청령포·3

창신동 구름아
너는 어찌 알겠니
영월천 운무에 가려진
침묵의
그리운 아픔을

청령포·4

할아버지, 할머니
아버지, 어머니
가고 없는 작금昨今
홀로 단신
하늘 아래 이보다 더한 슬픔
누가 있을 거냐

사방 박쥐
천지가 승냥이
四寸보다 못한
숙부 三寸

청령포 전川 흘린 눈물
한강 채워 바다에 이른다

청령포·5

다 가고 없는 하늘 아래
사는 것이 불[火]이요, 암흑 강산
꽂은 스치는 바람
용상도 부질없고
꽃, 눈 깜박할 새
17세 마친 생
통한의 겁劫

청령포·6

보고 싶은
님이여, 님이시여
꿈엔들 잊으리
어찌 잊으리오

청계천 영도교
혈루血淚
영월천에 흘러
이 마음 전해 주오

동망정東望亭에 날리어
올린 그리운 노래[戀歌]
청령포 소나무에 내려
불러 주오

청령포·7

죽어 영월 땅
님 죽어 남양주 진건 따[地]
그대 향한 그리움
죽어서도 님 생각
그— 능, 사능思陵

청령포·8

박복하다 박복
가엾다 가엾다
불쌍하다 불쌍
무섭다 무섭다

박복한 삶
가련한 삶
이보다 무서운 삶

있을까?
또 있을까?

청령포·9

떨어져 백 리
헤어져 만 리
묻혀 수억 리 떨어져 있어도
일편동심一片同心

청령포·10

잊지 마세요
잊지 마세요

혈우血雨에 젖는 두견
피를 토吐해 울고

영월산 까마귀
피빛 물든 까마귀 울음 가득
영월천 물들여
붉은 침묵 물들인다

박물관·1

태초, 현재
과거, 미래
고스란히
죽은 자, 잠자는 자
깨어 있는 자 있는 곳

박물관·2

여, 곳에는
황제
고관대작
정승
순경 나리도 없다
백성만 있을 뿐
시민만 있을 뿐

박물관·3

낮과 밤
존재한다
음과 양
둘만 존재한다
침묵과 수다
두 개만 있을 뿐
선량한 시민,
鮮民

박물관·4

주인은
손님, 관람객
주인의 사랑을
누가 많이 받는지 경쟁
시샘 천국

박물관·5

수다와 침묵
침묵만 흐른다
질투, 투기
자랑해도 안 돼
주인님 사모해도 안 돼요
수다와 침묵은 허락되나
낮에는 입 꾹 다물어야 한다
숨소리도 안 돼
눈동자를 굴려도 안 돼
수다의 시간은 조용히

박물관·6

   어둠이 오면 폐관 CLOSE, 지루한 하루 전시 기간 내내 지친 몸이 파김치 피곤할 시간 없다. 곧 개봉 박두 수다 광장. 곰팡이균처럼 시공을 날아다니는 수다 포자 천국. 수다 균의 시간이다. 혜원 미인 이야기. 겸제 인왕산 비 걷히는 소리. 국경을 수호하는 진흥왕 호령. 만주를 누비고 랴오허강을 휘어잡은 광개토왕 말발굽 소리. 박연 편경. 우륵 거문고 튕기는 소리. 고산 대동여지도 독도는 우리 땅 외쳐 대고. 큰 칼 옆에 차고 풍전등화 난국 난중일기, 신사임당 초충도 꿈틀 수박 벌레 기는 소리, 백성을 위한 목민심서 선정 삼천리 물들이고 우리 글과 말이 사뭇 중국과 달라 백성을 어여삐 여겨 한글 창제 훈민정음 바른 글 세운다.
   박물관의 수다는 관람 시간 OPEN끼지 미리에 식회가서 말이 넘도록 수다를 찧어 낸다.

박물관·7

밤새 찍어 낸 수다
개관 OPEN
하루살이 떨어지듯
이야기는 秋風落死

박물관·8

궁궐 받치던 호박돌
기세 높던 금관
호의호식 가채
여느 여인의 尿강
겹겹이 싸매고 마른 미라
이름 모를 병사의 철모
승정원 일기
恨 한중록
동의보감, 목민심서
직지심체요절
경국대전
청록집……
주요힌 불놀이, 칭조
수다가 많구나
어찌, 어찌 다
수다 풀어놓을까
이야기 늘어놓을까

박물관·9

들어와요
누가 들어와요
누군가 들어와요
누구인지 들어와요
사방 조용
적막강산
긴장이 물들고
전시물 일제히
눈을 감고
숨죽인다
수다도 멈춤
임시 휴업

박물관·10

멈추어요, 멈춤
수다가 멈추어요
이바구 숨어요
이야기는 내일 위해
멈춤, 진입 금지
조조할인
국가 유공자 무료 입장
복지증 소지자 무료 입장
한복 착의 무료 입장
학생, 군경 할인
요금 안내판 지그시
미소 지으며
수다를 덮이 준다

[수필]
용산역 연가

　요즘 대통령 집무실이 용산으로 이전한다 하고 하도 화두에 떠 용산, 용산, 용산 하여 용산의 작은 옛 추억이 회상回想되고 떠올리어진다.
　지금 오늘 그는 어떻게 변했을까. 잘 성장하여 큰사람, 아니 시민이 되었을까? 그때 그 엄마는 지금도 살아 계실까, 떠올리어진다.
　나는 1982년과 1983년, 지금부터 40년 전 공군 본부가 대방동에 있을 적 군인으로 복무하였고, 집은 한국 외국어 대학교가 있는 동대문구 휘경역(현재 : 외대앞역 변경) 근방 휘경동에 살고 있었으며, 휘경역에서 대방역 부근의 공군 본부로 출퇴근하였다.
　이용하는 대중교통은 휘경역에서 청량리역으로 가서 용산역까지 가는 중앙선 열차를 환승하여 용산역에서 대방역까지 1호선 전철을 이용하였다.
　당시 1호선 전철은 성북역이 종점이고, 인천 제물포역까지 운행하였으며, 지금은 천안(신창)까지 가지만 그때는 수원까지만 다녔던 때였다.
　주로 휘경역(외대앞역)에서 대방역까지 한 번에 가는 전철을 이용하였지만, 용산에서 청량리까지는 당시 열차 타는 재미와 한강변의 경치를 보는 재미와 서울역, 종로, 동대문, 청량리로 가는 것보다 역 구간이 적고 길어 직통 기분이며, 시간이 적게 걸렸고, 차창에서 보는 한강변의 경치가 끝내주었고, 아침 일출 때에 차창 밖 광경은 가히 예술이었다 그리고 한강변 응봉산의 개나리는 노오란 거대한 밥사발을 엎어 놓은 듯하였다.
　그래서 당시 차안에서 차창 밖을 보려고 일부러 서 있었고, 작은 핸드북(미니책)을 보고 읽었다.
　지금도 용산역서 옥수역, 응봉역, 왕십리역 구간은 지상 위로 달리는 노천 선로이며, 서울에서 경관이 좋고 아름다운 철길 경관 1등이라 생각된다. 용산역은 이런 사유 등으로 자주 이용하는 환승역이었다.

어느 날 아침, 이날도 휘경역에서 용산역을 거쳐 대방동으로 출근하려는 중이었다.

용산역 중앙선 하차 플랫폼에서 엄마가 기차 틈 사이를 보며 큰소리로 울며 "어떡해 어떡해." 하고 있었고, 바쁜 시민들은 역 계단을 향해 바삐 뛰었고, 각자의 갈길을 갔다.

열차 밑으로 빠진 여자아이에게는 남의 일이었다. 기차 밑에 빠진 아이와 엄마를 보는 2, 3명의 구경꾼도 도울 수 없었고, 선뜻 도우려 하지 않았으며 그저 바라만 보았다

기차의 종점, 종착역이라 그런지 열차는 플랫폼에 정차하여 있었다.

지금의 전철 플랫폼에는 스크린 도어와 추락 방지용 막이 설치되었고, 지금의 전차는 정차하면 플랫폼과 전차의 틈이 넓지 않고 틈새가 없이 좁게 개선되었지만, 당시에는 플랫폼과 열차 사이의 틈이 매우 넓고 컸다. 그리고 기차 플랫폼은 약간 곡선으로 휘어서 틈이 다른 직선 플랫폼보다 더 넓었던 것으로 생각된다.

엄마는 "예야, 애야." 하며 발을 동동 굴렀다. 나는 몸이 끼는 열차 틈바구니 사이로 내려가 어린 여자아이를 플랫폼 위로 올려주고 위로 올라왔다. 새파랗게 놀랐던 여자아이의 엄마는 놀랐던 얼굴이 좀 풀렸고, 아이를 안고, 얼굴을 쳐다보고 매만지며 아이를 진정시키고 있었다.

여자아이의 어머니한테 "많이 놀라셨지요? 아이가 다친 데는 없지요? 아이야 잘 가라! 어머니 많이 놀라셨지요? 조심히 잘 가세요." 인사 후 출근길을 재촉, 출근하였다. 마치 아무 일도 없었다는 듯.

당시 여자아이 엄마한테 받은 것은 "고맙습니다. 고맙습니다. 감사합니다. 감사합니다." 그 인사가 다였다.

그 당시 용산역에서 기차 밑으로 빠져 구해 준 여자 어린이 생각이 스쳐간다.

생각해 보면 지금은 CCTV다, 시민들이 다들 휴대폰을 가지고 다녀 영상으로 남기고 또 촬영을 할 수도 있지만, 그리고 역사의 근무가 많

이 개선되어 플랫폼에도 역무원, 역무 보조원들이 증원되어 있는 상황이다.

나는 그때 어린 여자아이가 지금은 어디에서 살까, 엄마는 지금도 잘 살고 계시겠지, 그때 그 사람은 용산역에서 기차 틈 사이로 빠졌던 일을 기억할까? 그때 아이를 꺼내 준 군인 아저씨를 기억이나 할까? 지금도 그때 군인 아저씨를 고맙고 감사하게 생각하는지 궁금하다.

무얼 바라는 것은 아니고 바라고 한 것도 아니었던 것을, 지금은 전철 플랫폼에서 떨어진 사람을 구해 준 이를 의사자, 용감한 시민, 영웅, 히로인, 얼굴 없는 천사라고 하는데, 나는 당시 주저 없이 시민으로서 당연히 그냥 해 준 일이었다.

누구도 알지 못하고, 당시 용산역 기차 밑으로 빠졌던 아이. 그리고 아이 엄마는 알고 있겠지만, 그도 기억 속에서 지워졌으리라 생각한다.

용산이 뜨고 회자가 되는 요즘, 나는 지금으로부터 40여 년 전 작은 나의 행동과 일이 생각났다.

당시 용산역 기차 밑, 플랫폼에 빠졌던 그 여자아이는 지금쯤 어디에서 잘 커서 잘살겠지 생각해 본다.

놀랐던 여자아이의 엄마도 스쳐간다

5월 가정의 달 어린이날을 지나며 생각난다.

▌최효림 시인의 시 세계

사랑 시학과 생태주의적 상상력, 구도의 길

김 봉 군
가톨릭대학교 명예 교수·문학 평론가

1. 여는 말

서정시는 체험한 바를 예각적으로 표출하는 원초적 문학 장르다. 시는 말하기 방식(화법)의 특성으로 인해 다른 문학 장르와 준별된다. 일반적으로 효과적인 말하기 방식[a way of saying]은 필요한 상황에 말을 필요한 만큼만 하는 것이다. 시의 말하기 방식이야말로 최소한의 말로 최대한의 효과를 거두는, 가장 경제적인 언어 미학적 기법이다.

근대시의 주된 화법은 들려주기[telling]이고, 현대시의 그것은 보여주기[showing], 표상화다. 들려주기 화법으로 된 현대시는 높은 수준의 깨우침을 함축할 때라야 존재 이유가 있다. 현대시에 참신한 비유와 상징, 역설의 기법 등이 동원되는 이유다.

그러기에 시 쓰기는 행간에 침묵을 심는 행위다. 산문은 자유 지향의 에너지로 확산을 꾀하고, 서정시는 절제 지향의 에너지로 주제를 향해 초점화한다. 바꾸어 말하면, 서정시는 자유 지향적 에너지의 원심력과 절제 지향적 에너지의 구심력이 조성하는 팽팽한 텐션의 어름[borderline]에서 기적처럼 창조되는 언어 예술의 정화精華다.

최효림 시집 『내 안의 꽃』은 5부로 엮인 많은 작품들을 품고 있다. 이들 시편들은 서정시의 말하기 방식과 창조의 본질에 직핍해 있는가? 우리 독자 모두의 관심사는 여기에 있다.

2. 최효림 시의 특성

최효림 시의 특성은 사랑과 생태주의적 상상력의 두 갈래 영역으로 분류된다.

(1) 사랑 시학

최효림 사랑 시작의 주요 대상은 사람이다. 그의 시에서 자연조차 사람에 헌신하는 사랑 표상으로서 생명의 전일성全一性을 지향한다.

이야기를 하지 않아도
들에 꽃은 핍니다

보지 않아도
볼고수리 바람이 붑니다

바람의 초대로
밖에 나선 들에는

수없이 뿌려진 수줍은
아내여
　　　　—「들꽃에게」중에서

들에 꽃이 피는 것은 자연 현상이다. 자연自然의 문자적인 뜻 그대로 '스스로 그러함'이다. 스스로 그러한 자연 만상 가운데서도 들꽃은 가장 친근한 사랑, 아내의 표상으로 다가온다.

사랑이란
마음 샘의 크기

사랑이란
아끼는 강의 크기

사랑이란
주는 주머니의 크기 재기

받는 것보다
주는 것이 커야

사랑의 양이
사량思量이다
　　　　—「사랑」전문

사랑의 시적 메타포. 샘, 강, 주머니의 객관적 상관물[objective correlatives]이 제시되었기에 관념시의 위기를 넘겼다. 사랑은 다르지 않고, 영원하며, 주기만 하는 것이라는 에피그램이 윤리의 감옥에 유폐되지 않는 감동을 함축한다.

> 하얀 목련은
> 분을 바르지 않아도
> 고운 얼굴
>
> 노루는 그리움이 짙어져
> 잔등에 꽃무늬를 심었나
> 그리움이 사무쳐
>
> 첫날 보고 헤어져
> 다시 보고픈 그대여
> 분을 바르지 않아도 흰 얼굴
>
> 목련꽃 나는
> 바닷가 흰구름
> 하얀 마음의 그때 그 사람
> ―「첫인상」 전문

들려주기 화법에 그칠 위기에서 구원의 신호를 보내는 것이 목련과 노루 표상이다. '보여 주기' 화법과 결별한 현대시는 설 자리가 가뭇없어지기 십상이다. 그리움도 사랑의 다른 말일 뿐이다.

> 보고 싶다
> 보고 싶다
> 그러면 보여질까
>
> 그립다
> 그립다

그리하면 만나질까
그 님
그 사람
　　　―「새털구름」 전문

　그리운 마음이 하찮은 중얼거림이나 정신 병리학적 음송증이 아닌 시로 격상되는 것은 새털구름의 구체적 표상이 있어서다. '보여 주기' 말이다.

할아버지, 할머니
아버지, 어머니
가고 없는 작금昨今
홀로 단신
하늘 아래 이보다 더한 슬픔
어디 있을 거냐

사방 박쥐
천지가 승냥이
四寸보다 못한
숙부 三寸

청령포 천川 흘린 눈물
한강 채워 바다에 이른다
　　　―「청령포·4」 전문

죽어 영월 땅
님 죽어 남양주 진건 따[地]
그대 향한 그리움
죽어서도 님 생각
그―능, 사릉思陵
　　　―「청령포·7」 전문

연작시 「청령포」 두 편이다.

계유정난(1453)으로 숙부 수양대군(세조)에게 왕위를 찬탈당하고 영월 청령포 귀양살이 중 16세에 살해당한 단종의 슬픈 역사를 모티브로 한 사회 시다. 홀로 슬픈 삶을 이어 가다 80세에 생을 마감한 정순定順 왕후의 사릉思陵이다.
그 절통한 사랑을 노래한 시다.
노산군이 단종 묘호를 얻게 한 임금은 19대 숙종이다.

(2) 생태주의적 상상력
최효림 시의 정수는 생태주의적 상상력의 영지에 깃들여 있다. 이 우주적 거대 담론은 산문시 화법으로 말문을 연다.

> 들어 봐. 들어 봐 아픔을 절규하는 earth. EARTH 침묵의 소리, 별에 스치는 때문힘, 거북등 균열, 파상풍보다 더한 아픔 환경 파괴증破壞症에 걸린 한 별의 처절한 울림 은하의 말단 블랙홀 속으로 넣은 퇴적堆積의 시간을 기억하는가, 기억해 다오, 기억해 달란 말이라오, BLACK hole 속으로 빨려가는 earth 울림. 어쓰— 뱀의 귀에 울리는 절규가 아니란 말이라오, 수없이 날개 꺾인 울림, 겁에 질린 아이의 눈망울이 블랙홀 속으로 휴지 되어 빨려들고 있다. 귀를 기울여라 울림의 절규에, 들리는가! 외면外面으로 무장된 부서진 울림, 블랙홀은 수없는 시그널을 받아들이고 있었다. 아무 일 없는 듯. 아무 일 없는 듯.
> ―「울림」 전문

시네포엠 형식으로 썼다. 우주, 지구의 종말 같은 긴박감에 휩싸인 작품이다. 환경 파괴의 재앙이다.

> 빙하와 사막은 가까워졌다
> 킬리만자로의 표범
> 우리에 갇혔다
> 초원의 양떼도 우리에 갇혔다
>
> 천수만

> 시화호, 순천만
> 흰 도요, 가마우지
> 날개 꺾인 기울어진 군무가 비상하고
> 새들의 처절한 울음소리
> 핏빛 석양 허공을 찌른다
> 날개 잃은 새끼
> 공포에 질린 눈망울
> 별을 쏘아 올리며
> 털 빠진 날개를 허우적거린다
> ―「바람과 구름과 새」중에서

바람과 구름과 새는 자연 표상이다. 그 중에 생명 표상인 새는 표범과 양떼와 함께 생명력을 잃었다. 날개가 꺾이고 손상된 채 죽음의 공포에 질린 생명들이다. 처절한 울음소리와 공포에 질린 눈망울에 핏빛 석양이 어린 정경이다.

> 사방이 콘크리트 벽, 싸늘한 글라스 상자, 배고픔도 허기도 없는 시간 아픔만 남은 도시 오염되고 파괴되고 망가진 별, 후회도 접수할 수 없는 후회도 생각할 수 없는 시그널 도시, 신문고 북채조차 두드리지 못하고 눈길조차 서지 못하는 COSMOS COSMOS. SPACE SPACE
>
> 아득히 먼 어느 기억, 따스한 사랑 달콤한 입김, 달달한 눈빛. 새의 소리. 바람의 소리. 물의 소리. 나뭇잎 비비는 사랑의 몸짓 파헤쳐지고 매몰돼 씻기어 사라진 이상한 나라의 별
>
> 다스함 없는 조명 빛
> 온기를 잃은 태양
> 식어 멈춘 마그마洞
> 더는 뜨지 않는 해
> 사방이 콘크리트 벽
> 인류 최고 발명품 플라스틱
> 투명 상자 안의 반짝임은

> 전신에 퍼진
> 말초 신경마저 조종되고
> 조종 당하는 AI 사피엔스
> (중략)
> 세상 구원한다던 눈동자는 까마귀 피부에 박혀 어디에 있는지 알 수 없고. 자취 없이 덮인 까마귀 털에 숨었다. 털 속에 숨은 자여 사방에 깔려 메아리치는, 말라비틀어지는, 해골 함성이 사방 깔리고 AI CITY에는 다른 종의 AlphaGoGA 잉태되고 있었다.
> ―「AI City」중에서

반생명적인 21세기 도시를 시네포엠 형식으로 보여 준다. AI 사피엔스 시대의 파멸한 지구의 실상이다.

> 방부제 없이도 썩지 않는
> 쉼 없이 만들어지는
> 플라스틱 city
> 플라스틱 World
> ―「플라스틱 World」중에서

썩지 않는 플라스틱 더미가 동태평양에 섬을 이룬 지구의 신음 소리가 들리는 듯하다. 그곳 새와 어류가 플라스틱 조각을 먹고 죽어 가는 반생명적인 상황 말이다. 자연 과학 문명의 초음속에 실린 디지털, 인공 지능 시대는 지구를 반생명적인 곳으로 만들었다. 이 비극적 현실에 경종을 울리는 교훈시다. 교훈시 티가 나지 않는 것은 주제의 중대성과 공감성 덕분이다.

> 춤을 추는 카인 후예1 옆에
> 눈물을 뽑는 새끼 밴 고래에
> 작살을 꽂아
> 끌리어 올라오는
> 젖이 식어 가는
> 엄마의 젖에 물린 아기 고래

눈을 뜨지 못하고
엄마의 주검과 같이
죽음을 맞이한다
임산부의 눈빛을
외면한 카인 후예2
(중략)
카인 후예10
숯으로 그리고
돌칼로 그리고
청동으로 파고
철鐵로 파며
시간을 이어
암각화는 늘어갔다
—「호모 사피엔스 사피엔스·3」 중에서

울산 반구대 암각화 고래 그림을 모티브로 한 작품이다. 고래와 사람, 기타 일체의 생명을 전일성全一性의 관점에서 인식한 시다. 《구약 성서》「창세기」에서 아벨을 죽인 카인을 소환한 대목이다. 인류의 살의殺意에 대한 고발의 어조[tone]가 준엄하다.

우산국(울릉도)
강치가 없다
강치가 사라진 지
수십 년
그렇게 곱세기
강치는 이름만 남겼다

그 이후 귀신고래
강치는 볼 수 없었다
—「호모 사피엔스 사피엔스·9」 전문

강치(물개, 바다사자)의 멸망 사태를 고발한 생태시다. 강치 서식처는 독도 해역이었다. 강치를 멸종시킨 자는 독도를 자주 침범하는 일본 시마네현 어부들을 격퇴시키는 임무를 띤 독도 수비대장이었다. 특등 사수인 부하를 시켜 강치 수컷만 잡게 하여, 그 '해구신'을 뇌물로 바쳐 권력자의 환심을 샀던 것이다. 국가 유공자로 분에 넘치는 예우를 받은 독도 의용 수비대가 실은 해양 생태계를 파괴한 범죄 집단이었다. 이를 고발한 작품이 백시종 장편 소설 『강치』(2013)다. 멸종 고발 작품이라는 점에서 이 시와 『강치』는 동류다.

> 꼬리 아홉 개 달린
> 무섭고 슬픈
> 사랑의 주인공
> 구미호狐
> 도시의 개발
> 산림의 파괴
> 산업화 떠밀려
> 산을 깎아 공장 짓고
> 길을 내어
> 여우는 폐수 가득
> 개울가로 밀려나
> 숲에서 사라져 버렸다
> 영원히 가 버렸다
> 더는 여우를
> 보았다는 사람이 없다
> ―「레드 폭스·4」 전문

우리 산하에서 여우 멸종이다. 시인은 진단한다. 쥐약에 죽은 쥐를 먹고 여우도 멸종되었다는 것이다.

> 쥐잡이 운동 전개하고
> 잡은 사체 수를 보고하던
> 그때 그이는 어디로 갔나
> 종을 말살하고

> 파괴한 자여
> 더는 야생이 아닌
> 숲은 죄를 증거한다
> ―「레드 폭스·3」중에서

쥐잡이 운동을 생태계를 파괴한 범죄 행위로 고발한 시다. 사람의 문명적 생존과 생태계 파괴는 이율배반적이다. 환경, 생태학자나 운동가들이 눈에 불을 켜나, 지구촌 생물 개체 수는 급감하고, 산업화로 인한 이산화탄소와 초미세 먼지가 생명체를 위협하는 이 역설을 어찌할 것인가.

> 1978년 지리산에서 잡힌 것을 마지막으로
> 한반도에서 붉은 여우는
> 영원히 자취를 감추었다.
> ―「레드 폭스·6」중에서

목에 여우 털을 두르고, 등짝에 여우 껍질, 여우 가죽으로 가린 족속들에게 경고한다. 여우의 울음은 숲 합창이고, 울림이고, 자연의 교향곡이다. (중략) 여우가 사라진 숲, 더는 야생이 아니다.
> ―「레드 폭스·7」중에서

어조가 절정을 가늠할 만큼 격정적이다. 시적 텐션이 풀렸다. 시의 위기다. 고발의 어조를 띤 사회 시의 어려움이다. 미학적으로도 매력을 띤 사회 시 쓰기, 어찌할 것인가.

> 죽은 여우는 하늘의 별자리가 되어 지구를 본다. 멀리 사막의 귀 큰 여우를 부러워하며 낮에는 슬퍼서 너무 슬퍼 울다 지쳐 잠들어, 밤이며 깨어 잊혀진 여우의 노래, 여우놀이 하며 밤에 별[星辰] 만들어 낸다
> ―「레드 폭스·9」중에서

삼라만상은 서로를 사랑한다. 세상 만물은 각자가 하나의 '너'를 향하고 있다. 살아 있는 모든 존재는 서로 내밀한 관계 속에 있다. 동물과

식물을 비롯한 모든 존재들은 끼리끼리 서로를 흉내냄으로써 형제적 사랑으로 함께 결합되어 있는 것이다. (중략) 모든 물리적 현상은 이처럼 사랑이라는 하나의 법칙이 변해서 된 것이다. (중략) 한 눈송이의 응결, 한 새로운 별의 폭발, 쇠똥더미에 달라붙은 쇠똥구리, 사랑하는 여인을 껴안고 있는 연인, 이들은 모두 사람이라는 동일한 현상의 표현이다.

위 글은 니콰라과의 성자 에르네스토 카르테날의 산문 「침묵 속에 떠오르는 소리」의 한 대목이다. 우주의 삼라만상이 다 사랑으로 결합된 존재들이라니, 우리 모두 숙연해질 수밖에 없다.
이에 따르면 우주 만유는 사랑의 리듬, 그 연쇄로 파악된다. 만물이 존재하는 양상, 그 본체는 사랑을 향한 배고픔이며 목마름이다. 그것은 자기 존재의 불완전성을 메우려는 포옹에의 갈망인 것이다.

(3) 상념 내지 초월

시는 감각, 정서, 사유思惟의 세계를 품는다. 사유의 끝은 형이상학 내지 초월경이다. 최효림 시의 끝자락에도 사유의 자취가 어렸다.

> 구름은 하늘의 가시에 걸린
> 소리의 열매
>
> 구름을 파는 스콥
> 화경話鏡의 이야기를 판다
>
> 물속을 휘영청 달리던
> 목어의 힘찬 날갯짓
>
> 물풀 흐드러진
> 발길 닿지 않던 촛불 향기
>
> 길 떠나는 바람 소리는

멈춰진 녹슨 날을 세운다

거 누구요
지나는 나그네 가는 연꽃 그림자
가는 나그네
거 누구요
거기 누구요
    —「동자 생각」전문

물리적 현상의 질서를 뒤집는 의사진술擬似陳述[pseudo-statement]과 상징 화법을 구사한 시다. '하늘의 가시에 걸린 구름'이라니. 선불교禪佛敎의 핵심 화법인 역설[paradox]의 진리다. 하늘의 가시에 걸린 구름은 아플까? '소리의 열매'는 또 어떤가?

저 바다에 한없이 열리던 소리의 열매를

이것은 신대철 시인의「수평선」에 표출된 한 대목이다. 그 열매가 알알이 열리기까지 얼마나 절절한 마음결의 절규가 있었을까?
  시의 사아(화자)는 사찰의 동자다. 잠선하는 자이다. 깨달음을 향한 간절한 염원의 광대한 원공圓空에 '가시'가 길을 막는다. 그 가시를 삭일 진리의 언어가 화두다. 화경話鏡의 이야기, 목어木魚의 날갯짓, 발길 닿지 않던 촛불 향기 멈춰진 녹슨 날은 무엇이며, 바람은 무엇을 위하여 길을 떠나는가? 물리적으로 얼토당토않은 이 선불교적 화두를 위하여 피어린 참선과 기도. 동자童子의 길이다.
  대체 첫머리의 '구름'은 그 무엇인가? 불교에선 무상無常함이다. 또 무상이란 무엇인가? 무한의 깊이에서 끌어올리는 명주 실꾸러미 무량無量의 상념이다. 목어木魚 하나에도 인연 설화가 깊이 서렸다. 수도에 전념치 않는 몹쓸 제자들을 깨우치기 위해 잉어로 환생하여 제자들에게 먹힘으로써 도를 터득케 하였다는 스님 이야기다.

집 외外는
온통 겨울나무

창밖에는
만삭의 여인

그리움은
빗물 되어 나무를 씻긴다

아이는 아기를 밀어내지 못하고
끙끙거린다
빗속을 질주하는
광화문 네거리
혹 푸른 대청 기와집 마당

빗길을 질주하는
차 소리

흰 갈매기
균사菌絲의 춤사위에
바늘 한 침 꽂는다

시민이 죽어요
어린아이가 죽어요
동자가 죽어요!
―「비구 생각」 전문

  비구승의 번뇌가 모티브인 시다. 초세超世와 속세俗世가 갈등을 빚는 치열성이 역연歷然하다. 수도하는 비구승이 떨치려는 망념忘念들이 인연의 끈을 당기며 매연처럼 피어오른다. 만삭의 여인과 아이와 아기, 그 모진 인연, 최고 통치자의 집무실과 자동차, 욕망이 질주하는 번다煩多한 속정俗情과 세속사. 흰 갈매기의 비상飛翔, 그것은 균사의 춤사위 표상으로 떠오른다. 바늘 침은 생명을 살리자 꽂는바, 시민·어린아이. 동자가 죽게 된 단말마의 비명이다.

 번뇌다. 비극의 마음밭을 흐트러 놓는 세속사의 4고苦, 8고苦가 회오리 친다. 그리움을 끊어야 할 탈속의 이 위기를 어찌할 것인가. 보시·지계·인욕·정진·선정·지혜의 6바라밀과 8정도, 해탈의 길이 어디 쉽다던가.

 모처럼 신앙시를 읽는, 기독교 신자인 평설자의 마음 또한 속계와 초속계의 어름[borderline]에 서성일 따름이다. 구원의 길 열기, 만만한 것이 아니다.

>해 떨어져 부는 바람이건
>꽃 피어 떨어져 부는 날이건
>그대 곁에서 부르리라
>
>연꽃 향기 분칠한
>수수꽃다리
>어디서 오셨나
>너의 향기를
>허리끈 내 몸에 묶어
>꽃이 피고 지는 이 없는 골짜기
>시간 멈춘 향일암
>관세음보살
>석상 되어
>님 향한 기도 되리라
>
>갠지스 강의 한 줌 물로
>돌아가려니
>
>(중략)
>
> 해우소 앞에 걸린 팻말
>
>구도 중
> —「내 안의 초상肖像」중에서

꽃은 미의 극치, 그걸 훼방하는 바람, 그래도 연꽃 향기를 전하는 것은 바람이다. 꽃은 지는 향기가 더 짙다. 선불교적 역설이다. 한용운 시인의 「님의 침묵」은 그 역설의 꽃다발이다. 저무는 해가 더 곱고, 지는 꽃이 아름다운 법. 시간이 멈춘 향일암. 역설적 득도의 순간일 수 있다. 갠지스강 물로 환원하는 '내 안의 초상', 역시 구도 중인 나.

3. 맺는 말

글은 현대 서정시의 말하기 방식이 '보여 주기' 화법을 특질로 하며, 시 쓰기는 행간에 침묵을 심는 행위라는 말로 시작되었다. 서정시는 최소한의 말로 심미적 효과를 극대화하는 언어 예술의 원초적 정화精華라는 뜻이다. 서정시는 자유 지향의 원심력과 절제 지향의 구심력이 조성하는 텐션의 어름[borderline]에서 기적처럼 창조, 빛나는 선물이다.

최효림 시는 사람과 자연 사랑, 생태주의적 상상력에 집중되어 있으면서, 마침내 선불교적 구도求道의 길을 탐조하는 특성을 보인다. 그의 사랑 시학의 주요 대상은 사람이어서, 자연마저 사람에 헌신하는 사랑의 표상이다.

최효림 시학의 지주支柱요 벼리가 되는 것은 사랑 시학이며, 주변 사람에서 비롯하여 나라님에 이를 만큼 진폭이 크다 '들려 주기[telling]' 화법에 기운 그의 시를, 퇴행적·반현대시적 위기에서 구제하는 것은 가붓한 비유·상징 기법과 친근한 객관적 상관물의 창조적 표상이다.

그의 넘치는 생태주의적 상상력은 우주 만유가 사랑의 갈망으로 일체화된 생명적 전일성全一性의 존재관으로 확산된다. 따라서 '스스로 그리해야 할' 자연을 파괴하는 과학 문명에 대한 비판 의식으로 구체화하는 것이 최효림의 사랑 시학이다. 뭇 생명들에 치명적 폭력을 자행하는 사람, 호모 사피엔스의 살의, 그 잔혹성을 고발하는 문명 비판의 예각적 정조준이야말로 최효림 시학의 결정적 모티브다.

플라스틱으로 대유代喩되는 산업 문명의 반생명성, 인공 지능 AI에 지배당하는 사피엔스 사피엔스의 파멸적 위기, 이는 울산 반구대 고래

사냥 유적이 표상하는 바 유전적 본성에 갈음되는 증표가 아닌가. 종말로 치닫는 지구 생태계의 위기에 대한 시인의 어조[tone]는 극한적으로 치열하다. 생명 있는 것들의 공포에 질린 표정과 단말마의 절규(울음소리)를 어찌할 것인가? 시인의 초점적 시점은 한반도에서 멸종된 붉은 여우다. 관념의 구상화具象化다.

최효림 시인이 도달코자 하는 사랑 시학의 구경究境, 사유思惟의 정점은 존재론적 초월의 세계가 아닌가. 동자승과 비구승의 번뇌 어린 화두, 그것은 선불교禪佛敎의 초월경超越境이다. '구름'의 무상無常 표상의 의미 탐구다.

앞으로 최효림 시인의 사랑 시학이 더욱 확산되고, 존재론적 깊이를 천착하는 신경지를 열기를 권하며, 시집 상재上梓를 축하한다.

내 안의 꽃
최효림 시집

초판인쇄 / 2024년 3월 10일
초판발행 / 2024년 3월 15일
발행인 / 김영선
지은이 / 최효림
발행처/ 한맥문학출판부
　　　　서울시 서대문구 통일로 479-5
　　　　등록 1995년 9월 13일(제1-1927호)
　　　　전화 02)725-0939, 725-0935
　　　　팩스 02)732-8374
　　　　이메일 hanmaekl@hanmail.net

값/15,000원

잘못된 책은 구입하신 서점에서 바꿔 드립니다.

ISBN 979-11-93702-06-2